하나님과 믿음의 관계 시작하기 1

KIWY 청소년성경공부 학생용

KNOWING GOD

좋은씨앗

키위 청소년 성경공부 시즌 원 ❶ 교리탐구(학생용)

하나님과 믿음의 교제 시작하기

1판 1쇄 발행_ 2010년 12월 21일
1판 15쇄 발행_ 2025년 2월 10일

지은이_ 이재욱, 문근식, 김용철
일러스트_ 오정희
펴낸이_ 신은철
펴낸곳_ 좋은씨앗
출판등록_ 제4-385호(1999.12.21)
주소_ 서울시 서초구 양재동 바우뫼로 156(MJ빌딩 402호)
주문전화_ 02-2057-3041
주문팩스_ 02-2057-3042

이메일_ good-seed21@hanmail.net
페이스북_ facebook.com/goodseedbook
ISBN 978-89-5874-162-6 04230
ISBN 978-89-5874-161-9 (세트)

신앙 인격이 형성되는 청소년기에는 체계적인 성경 교육이 무엇보다 중요합니다. 그러나 안타깝게도 현장의 공과 교육은 그야말로 무너지기 직전의 상황처럼 보입니다. 어떤 특정한 프로그램이나 교재가 이러한 상황을 한번에 뒤집어놓을 수 있다고 여기는 것은 대단히 어리석은 일일 것입니다. 신앙 교육의 근간은 하나님의 은혜 안에 견고하게 뿌리내린 교육자들입니다. 성경은 하나님께서 교회에 사도와 선지자, 복음 전하는 자, 목사와 교사를 주셨다고 말합니다(엡 4:11). 그러므로 청소년 목회자와 교사들의 부단한 노력과 인고의 열정이 이 땅의 청소년들을 다시 일으키는 가장 중요한 밑거름이 될 것입니다.

교재는 그들이 손에 쥔 도구입니다. 도구는 얼마나 크고 화려하며 강한 것이냐가 아니라 손에 얼마나 알맞은 것이냐가 중요합니다. 다윗의 손에 잘 맞은 돌멩이 하나가 수많은 칼이나 창보다 골리앗을 쓰러뜨리기에 적합했듯이 말입니다. 〈*KIWY* 청소년 성경공부〉 시리즈는 책상이 아니라 현장에서 나온 교재입니다. 어떻게 하면 하나님의 귀한 말씀을 아이들에게 잘 먹일 수 있을지 오랜 시간 고민한 현장 사역자들의 수고가 담긴 교재입니다. 오랜 시간 동안 장인의 손으로 매만진 도구입니다.

이 교재를 집어든 현장 동역자들이 손에 딱 맞는, 그래서 내 몸의 일부처럼 움직일 수 있는 편안한 도구를 만나는 반가움을 경험할 수 있다면, 저희 집필진들에게 더할 나위 없는 기쁨이 될 것입니다. 부디 여러분과 이 돌멩이가 함께 난공불락처럼 보이는 신앙 교육에 대한 여러 도전들을 격파하는 귀한 하나님의 도구가 되기를 간절히 기도합니다.

_ 이재욱 목사

KIWY 청소년 성경공부 목표

- 청소년을 전인적 그리스도인으로 교육하고자 합니다.
- 공과만 충실하게 해도 학습, 세례, 입교 교육이 충분히 될 만큼 교리적, 실천적으로 균형 있는 신앙관을 제공합니다.
- 보다 쉽고 친근하게 주제에 다가갈 수 있도록 구성했습니다.
- 부족한 시간과 시설 때문에 고민하는 현장 교사들의 상황을 고려하며 대안을 제시합니다.

KIWY 청소년 성경공부 구성

본 교재는 교리탐구, 경건생활, 사회생활, 인물탐구 네 분야를 1년 48주에 걸쳐 3년 동안 교육하도록 구성되어 있습니다. 각 권은 12주 과정입니다. 선택적으로 사용할 수 있는 특별과정 교재 1권이 따로 제공됩니다.

- **교리탐구** – 그리스도인이라면 반드시 숙지해야 할 기본교리를 살펴보며 하나님과 나에 대해 알아갑니다.
- **경건생활** – 그리스도인으로서 추구해야 할 경건을 배우고 익히며 실천하도록 독려합니다.
- **사회생활** – 청소년 그리스도인들이 세상에서 부딪히는, 또 앞으로 부딪힐 필수적인 실천 주제들에 대해 성경적인 관점을 확고하게 정립합니다.
- **인물탐구** – 성경의 주요 인물을 성경의 큰 흐름에 따라 살펴보며 하나님이 어떻게 각 사람의 인생에 개입해 큰 그림을 만들어가시는지 배웁니다.
- **특별과정** – 개 교회의 주요 행사 및 절기에 맞는 공과 진행을 돕습니다.

* 자세한 커리큘럼은 www.gsbooks.org를 참고해주세요!

하나! 공과 교재가 쉽다

공과 반은 다양한 수준의 학생들이 모여 있으므로 공과는 누구나 쉽게 접근할 수 있는 것이어야 합니다. 학생 수준에 따른 심화 교육은 리더훈련이나 제자훈련 같은 별도의 양육과정에서 하는 것이 바람직합니다.

둘! 길거나 복잡하지 않다

현장의 공과 환경은 공과를 오래 끌기에 무리가 많습니다. 적어도 30분 안에 끝낼 수 있도록 교재를 쉽고 단순하게 구성했고, 성경 본문을 별도로 찾을 필요가 없도록 문제와 함께 제시합니다.

셋! 다양한 주제들을 다룬다

쉽고 단순해도 청소년 시기에 분명히 다루어야 할 주제들을 교리탐구, 경건생활, 사회생활, 인물탐구 분야별로 풍성하게 다룹니다.

넷! 말씀 중심이다

분명한 말씀 전달 없이 주제 하나 놓고 어영부영 자기 생각만 나누다가 공과를 끝내서는 안 됩니다. 말씀만큼은 주입식 교육이 확실하게 이루어져야 합니다. 믿음은 '들음' 에서 오지 '토론' 에서 오지 않습니다.

다섯! 주제가 명료하다

귀납식 탐구 학습은 나름대로 장점이 있으나 현장의 제한된 환경에서 시행하기에는 다소 무리가 있습니다. 본 교재는 본문에서 얻는 교훈을 단순화해 적어도 한 가지 주제만은 분명하게 기억하도록 돕습니다.

여섯! 구체적인 실천 과제를 제시한다

공과가 생활 속 실천으로 이어지도록 구체적인 과제를 제시하고, 이를 통해 교사가 학생들을 주중에 심방하도록 구성했습니다.

일곱! 시선을 사로잡는다

한눈에 들어오고 청소년들의 취향에 적합한 디자인이 되도록 노력했으며 학습 의욕을 북돋는 삽화와 만화를 도입부에 수록했습니다.

C.O.N.T.E.N.T.S

session **01** _천지창조

천지창조의 비밀 : 성경? 과학?

이는 만물이 주에게서 나오고 주로 말미암고
주에게로 돌아감이라 그에게 영광이 세세에 있을지어다 아멘(롬 11:36).

OPEN MIND 오픈마인드

위 세 사람의 공통점은 무엇인가요?

1. 과학으로만 세상을 보려 해도 믿음이 필요합니다. 진화론은 세상이 '우연히' 생겨났다는 믿음에서 출발하니까요. 그리스도인이 반대하는 것은 과학 자체가 아니라 바로 이런 믿음입니다. 성경은 세상이 어떻게 생겨났다고 선언합니까?(창 1:1)

창세기 1:1 태초에 하나님이 천지를 창조하시니라.

2. 하나님이 이 세상을 창조하셨다는 것은 세상 만물이 생겨난 분명한 ______이 있다는 말입니다. 빈칸에 들어갈 말은 무엇입니까?(계 4:11)

요한계시록 4:11 우리 주 하나님이여 영광과 존귀와 권능을 받으시는 것이 합당하오니 주께서 만물을 지으신지라 만물이 주의 뜻대로 있었고 또 지으심을 받았나이다 하더라.

3. 세상 만물이 창조된 뜻(목적)은 무엇입니까?(골 1:16, 롬 11:36)

골로새서 1:16 만물이 그에게서 창조되되 하늘과 땅에서 보이는 것들과 보이지 않는 것들과 혹은 왕권들이나 주권들이나 통치자들이나 권세들이나 만물이 다 그로 말미암고 그를 위하여 창조되었고,

로마서 11:36 이는 만물이 주에게서 나오고 주로 말미암고 주에게로 돌아감이라 그에게 영광이 세세에 있을지어다 아멘.

핵심만 콕콕!

진화론자들은 세상이 우연히 생겨났다고 믿지만 그리스도인들은 하나님이 창조하셨다고 믿습니다. 하나님이 창조하신 모든 피조물에는 그것을 만드신 뜻, 곧 목적이 있는데 그 목적은 하나님의 영광입니다. 세상 만물은 하나님께 영광이 될 때 가장 큰 행복과 기쁨을 누리게 됩니다.

나눔 하나님의 창조에 관해 궁금한 점이 있다면 자유롭게 나눠보세요.

실천 이번 한 주 동안 하나님이 자신의 영광을 위해 창조하신 세상을 새롭게 한번 경험해봅시다. 작은 풀, 꽃, 나무, 공기, 하늘 등을 무심하게 지나치지 말고 관찰하며 느껴봅시다. 그것들이 어떻게 하나님을 영화롭게 하는지 생각하고 적어보세요.

- 관찰 대상 ______________________________

- 하나님을 영화롭게 하는 이유 ______________________________

____

예) • 관찰 대상 : 소나무
  • 하나님을 영화롭게 하는 이유 : 계절과 상관없이 늘 푸르른 모습을 보면 하나님의 변함없는 성품이 떠오르기 때문에.

하나님이 지으신 온 세상을 바라보며 하나님의 높고 위대하심을 고백합니다. 하나님께 지음 받은 의미를 잘 생각해보고, 저 역시 하나님의 영광을 드러내는 자녀가 될 수 있게 해주세요.

session **02**_인류창조

무엇과도 바꿀 수 없는 나

하나님이 이르시되 우리의 형상을 따라 우리의 모양대로
우리가 사람을 만들고 그들로 바다의 물고기와 하늘의 새와 가축과
온 땅과 땅에 기는 모든 것을 다스리게 하자 하시고(창 1:26).

OPEN MIND 오픈마인드

자신이 실망스럽거나 가치 없다고 느껴지는 때가 있나요? 주로 언제 그런 생각이 드나요?

1. 하나님은 사람을 어떤 식으로 특별하게 창조하셨습니까?(창 1:26)

창세기 1:26 하나님이 이르시되 우리의 형상을 따라 우리의 모양대로 우리가 사람을 만들고 그들로 바다의 물고기와 하늘의 새와 가축과 온 땅과 땅에 기는 모든 것을 다스리게 하자 하시고.

2. 영혼을 지닌 인간을 향해 하나님은 어떤 마음을 품고 계십니까? 모두 골라보세요(마 18:10-14).

마태복음 18:10-14 [10] 삼가 이 작은 자 중의 하나도 업신여기지 말라 너희에게 말하노니 그들의 천사들이 하늘에서 하늘에 계신 내 아버지의 얼굴을 항상 뵈옵느니라 [12] 너희 생각에는 어떠하냐 만일 어떤 사람이 양 백 마리가 있는데 그 중의 하나가 길을 잃었으면 그 아흔아홉 마리를 산에 두고 가서 길 잃은 양을 찾지 않겠느냐 [13] 진실로 너희에게 이르노니 만일 찾으면 길을 잃지 아니한 아흔아홉 마리보다 이것을 더 기뻐하리라 [14] 이와 같이 이 작은 자 중의 하나라도 잃는 것은 하늘에 계신 너희 아버지의 뜻이 아니니라.

1) 한 사람이라도 소외당하거나 무시당하는 것을 원하지 않으신다.

2) 아무리 연약하고 부족한 사람일지라도 절대 포기하지 않으신다.

3) 한 생명의 가치를 무엇보다 귀하게 여기신다.

4) 한 사람 한 사람 모두를 가장 사랑하신다.

3. 하나님은 우리를 향해 어떤 고백을 하십니까?(습 3:17)

스바냐서 3:17 너의 하나님 여호와가 너의 가운데에 계시니 그는 구원을 베푸실 전능자이시라 그가 너로 말미암아 기쁨을 이기지 못하시며 너를 잠잠히 사랑하시며 너로 말미암아 즐거이 부르며 기뻐하시리라 하리라.

스바냐서 3:17 너의 하나님 여호와가 너의 가운데에 계시니 그는 구원을 베푸실 전능자이시라 그가 너로 말미암아 기쁨을 이기지 못하시며 너를 잠잠히 사랑하시며 너로 말미암아 즐거이 부르며 기뻐하시리라 하리라.

핵심만 콕콕!

사람은 하나님의 형상을 닮은 존재로서 유일하게 영혼을 가진 생명체입니다. 영혼이 담겨 있는 우리 한 사람 한 사람은 누구와도 비교할 수 없는 가치를 가지고 있습니다. 하나님은 우리 각자를 가장 사랑하시며, 사람은 하나님의 사랑을 알고 하나님을 사랑할 때 진정한 기쁨과 행복을 누릴 수 있습니다.

나눔 말씀을 통해 나를 사랑해야 하는 이유를 깨달았나요? 자신의 현실에 비추어 가장 마음에 와 닿았던 부분을 나눠보세요.

실천 1 양옆의 친구에게 "너는 최고야!"라고 말해보세요. 쑥스러울수록 더욱 큰 소리로 말하세요.

실천 2 이번 한 주간은 스바냐서 3장 17절 말씀을 적어서 눈에 가장 잘 띄는 곳에 붙여놓고 매일 한 번씩 읽으면서 나를 향한 하나님의 마음을 묵상해보세요.

- 말씀 읽기와 묵상을 실천한 요일에 표시하세요!

일	월	화	수	목	금	토

하나님의 형상을 따라 창조된 나 자신과 다른 사람의 가치를 인정하고 귀하게 여기며 사랑하도록 도와주세요.

session **03**_타락

죽음과 고통이 찾아온 이유

모든 사람이 죄를 범하였으매
하나님의 영광에 이르지 못하더니(롬 3:23).

OPEN MIND 오픈마인드

문제의 근본 원인을 몰라서 엉뚱하게 해결하려고 했던 경험이 있다면 얘기해보세요.

1. 문제는 그 원인을 잘 알아야 해결할 수 있습니다. 인간의 모든 고통과 죽음의 문제는 바로 '죄'에서 비롯되었습니다. 성경은 죄가 어떻게 시작되었다고 말합니까?(창 2:17, 3:4-6)

창세기 2:17 선악을 알게 하는 나무의 열매는 먹지 말라 네가 먹는 날에는 반드시 죽으리라 하시니라.

창세기 3:4-6 [4] 뱀이 여자에게 이르되 너희가 결코 죽지 아니하리라 [5] 너희가 그것을 먹는 날에는 너희 눈이 밝아져 하나님과 같이 되어 선악을 알 줄 하나님이 아심이니라 [6] 여자가 그 나무를 본즉 먹음직도 하고 보암직도 하고 지혜롭게 할 만큼 탐스럽기도 한 나무인지라 여자가 그 열매를 따먹고 자기와 함께 있는 남편에게도 주매 그도 먹은지라.

2. 하나님의 명령을 어기고 선악과를 먹은 인간은 어떤 상태에 빠졌습니까?(롬 3:23, 10-12)

로마서 3:23 모든 사람이 죄를 범하였으매 하나님의 영광에 이르지 못하더니.

로마서 3:10-12 [10] 기록된 바 의인은 없나니 하나도 없으며 [11] 깨닫는 자도 없고 하나님을 찾는 자도 없고 [12] 다 치우쳐 함께 무익하게 되고 선을 행하는 자는 없나니 하나도 없도다.

3. 죄의 결과는 무엇입니까?(롬 6:23, 8:22)

로마서 6:23 죄의 삯은 사망이요 하나님의 은사는 그리스도 예수 우리 주 안에 있는 영생이니라.

로마서 8:22 피조물이 다 이제까지 함께 탄식하며 함께 고통을 겪고 있는 것을 우리가 아느니라.

4. 죄가 진정으로 심각한(치명적인) 이유는 무엇입니까?(살후 1:9)

데살로니가후서 1:9 이런 자들은 주의 얼굴과 그의 힘의 영광을 떠나 영원한 멸망의 형벌을 받으리로다.

핵심만 콕콕!

하나님의 형상대로 창조된 인간은 하나님을 떠나면서 죄를 짓기 시작했습니다. 아담에서 시작된 죄는 모든 사람을 지배하기 시작했고, 우리 중 누구도 죄에서 자유로울 수 없게 되었습니다. 죄로 인해 인간은 인생에서 고통과 죽음을 맞이하고, 하나님의 영원한 심판을 받아야 하는 존재가 되었습니다.

OPEN LIFE 오픈라이프

나눔 병든 사람은 자신이 환자라는 사실을 인정해야 비로소 병원에 가서 치료를 받을 수 있습니다. 우리가 하나님 앞에서 회복되려면, 먼저 자신이 죄인임을 인정해야 합니다. 자신이 죄인임을 인정하나요? 그렇지 않다면 그 이유는?

실천 한 주 동안 하루를 정해서 자신의 죄를 돌이켜보고 용서를 구하는 기도를 드려보세요.

요일

시간

잘못한 일들

하나님, 저는 하나님 앞에서 분명한 죄인입니다. 하나님의 은혜가 필요함을 고백합니다. 저의 죄를 용서해주세요.

session **04**_구원

노력으로 절대 얻을 수 없는 것

하나님이 세상을 이처럼 사랑하사 독생자를 주셨으니
이는 그를 믿는 자마다 멸망하지 않고 영생을 얻게 하려 하심이라(요 3:16).

OPEN MIND 오픈마인드

세 종류의 집이 있습니다. 가격이 얼마나 될지 생각해보고, 앞으로 자신이 그런 집에서 살 수 있는 확률을 매겨보세요. 그 이유도 함께 얘기해보세요.

1. 작은 연못과 정원이 있는 예쁘고 아담한 2층 전원주택

   가격 :

   확률:

2. 번화한 도심지에 있는 130층 최고 전망의 100평짜리 아파트

   가격 :

   확률:

3. 정문에서 현관까지 가는 데 차로 30분 걸리는 대저택

   가격 :

   확률 :

1. 세상에는 평생 노력해도 갖기 힘든 것들이 많습니다. 하물며 영원한 생명은 어떻겠습니까? 영원한 생명은 우리의 노력으로 결코 얻을 수 없다고 성경은 단언합니다. 그렇다면 영원한 생명은 어떻게 얻을 수 있습니까?(요 3:16, 요 14:6)

요한복음 3:16 하나님이 세상을 이처럼 사랑하사 독생자를 주셨으니 이는 그를 믿는 자마다 멸망하지 않고 영생을 얻게 하려 하심이라.

요한복음 14:6 예수께서 이르시되 내가 곧 길이요 진리요 생명이니 나로 말미암지 않고는 아버지께로 올 자가 없느니라.

2. 예수님을 믿는다는 것은 어떤 의미입니까?(행 2:38, 롬 10:9)

사도행전 2:38 베드로가 이르되 너희가 회개하여 각각 예수 그리스도의 이름으로 세례를 받고 죄 사함을 받으라 그리하면 성령의 선물을 받으리니.

로마서 10:9 네가 만일 네 입으로 예수를 주로 시인하며 또 하나님께서 그를 죽은 자 가운데서 살리신 것을 네 마음에 믿으면 구원을 받으리라.

3. 우리가 회개하고 예수 그리스도를 믿는 것만으로 죄를 용서받고 천국에 갈 수 있는 이유는 무엇입니까?(벧전 3:18a, 롬 5:8)

베드로전서 3:18a 그리스도께서도 단번에 죄를 위하여 죽으사 의인으로서 불의한 자를 대신하셨으니 이는 우리를 하나님 앞으로 인도하려 하심이라.

로마서 5:8 우리가 아직 죄인 되었을 때에 그리스도께서 우리를 위하여 죽으심으로 하나님께서 우리에 대한 자기의 사랑을 확증하셨느니라.

핵심만 콕콕!

사람은 자기 자신을 구원할 수 없습니다. 모두가 죄인이기 때문입니다. 오직 하나님의 방법으로만 구원을 받을 수 있습니다. 그 방법이란 예수 그리스도를 믿는 것입니다. 예수 그리스도는 죄 없는 하나님의 아들로서 우리 죄를 위해 대신 죽어 그 형벌과 대가를 치러주셨습니다.

나눔 여러분은 구원을 받았나요? 그렇게 생각하는 이유는?

실천 1 자신이 구원받지 못한 것 같다면, 한 주 동안 "구원은 하나님의 은혜"라는 말의 뜻을 생각해보세요. 특히 '선물', '은혜'라는 단어에 주목하고, 하루를 정해 은혜를 깨닫기 원하는 기도를 드려보세요.

기도한 날짜

기도하고 난 소감

실천 2 자신이 구원받은 자녀라고 생각된다면, 구원받은 기쁨을 고백하는 감사의 기도를 한 주 동안 아침과 저녁에 드리고 실천한 소감을 적어보세요.

시간	일	월	화	수	목	금	토
아침							
저녁							

실천 소감

예수 그리스도의 십자가로 죄 사함을 받고 그 은혜로 구원 얻은 것을 믿습니다. 구원의 확신과 평안을 누리도록 도와주세요.

session **05**_예수 그리스도

우리가 바라볼 단 한 분

시몬 베드로가 대답하여 이르되 주는 그리스도시요
살아 계신 하나님의 아들이시니이다(마 16:16).

OPEN MIND 오픈마인드

여러분의 꿈은 무엇인가요? 그 꿈을 이루기 위해 꼭 만나거나 본받고 싶은 사람은 누구인가요? 그 이유는?

만나고(본받고) 싶은 사람 :

이유 :

1. 누군가를 따를 때 그 사람이 어떤 사람인지 모른 채 따를 수는 없습니다. 마찬가지로 예수님을 따르는 그리스도인이라면 예수님이 어떤 분인지 분명히 알아야 합니다. 예수님은 어떤 분입니까?(마 16:16)

마태복음 16:16 시몬 베드로가 대답하여 이르되 주는 그리스도시요 살아 계신 하나님의 아들이시니이다.

2. 예수님이 하나님의 아들이라는 것은 어떤 의미입니까?(요 20:28)

요한복음 20:28 도마가 대답하여 이르되 나의 주님이시요 나의 하나님이시니이다.

3. 본래 하나님인 예수님은 어떻게 이 땅에 오셨습니까?(빌 2:6-8)

빌립보서 2:6-8 6 그는 근본 하나님의 본체시나 하나님과 동등됨을 취할 것으로 여기지 아니하
시고 7 오히려 자기를 비워 종의 형체를 가지사 사람들과 같이 되셨고 8 사람의 모양으로 나타나
사 자기를 낮추시고 죽기까지 복종하셨으니 곧 십자가에 죽으심이라.

4. 예수님이 이 땅에 와서 행하신 일은 무엇입니까?(고전 15:3-4, 롬 3:24)

고린도전서 15:3-4 3 내가 받은 것을 먼저 너희에게 전하였노니 이는 성경대로 그리스도께서 우
리 죄를 위하여 죽으시고 4 장사 지낸 바 되셨다가 성경대로 사흘 만에 다시 살아나사.

로마서 3:24 그리스도 예수 안에 있는 속량으로 말미암아 하나님의 은혜로 값 없이 의롭다 하심을 얻은 자 되었느니라.

핵심만 콕콕!

예수님은 완전한 사람으로 이 땅에 오신 하나님입니다. 그분은 우리를 위해 죽으시고 부활하신 구원자입니다.

나눔 예수님은 하나님이지만 인간의 몸으로 낮아져 우리를 위해 대신 죽으셨습니다. 이러한 예수님을 따르는 데 있어 가장 중요한 태도는 무엇인가요?

실천 나를 위해 대신 죄를 지신 예수님의 낮아짐과 겸손을 생각하면서 자신이 실천할 수 있는 구체적인 일을 한 가지 생각해보세요.

1) 어려운 처지에 있는 친구 도와주기
2) 다투었던 친구에게 먼저 용서를 구하며 손 내밀기
3) 좋은 기회를 친구(혹은 형제)에게 양보하기
4) 기타 ______________________

교회는 물론 학교나 집에서 예수 그리스도가 주인 되심을 인정하고 예수님을 따라 겸손하고 낮은 자리에 서는 삶을 살게 해주세요.

session **06** _성화

이제부터 진짜 시작이야

우리가 다 하나님의 아들을 믿는 것과 아는 일에 하나가 되어
온전한 사람을 이루어 그리스도의 장성한 분량이 충만한 데까지 이르리니(엡 4:13).

OPEN MIND 오픈마인드

왼쪽 그림은 학생이라면 누구나 거치는 세 가지 단계를 보여주고 있습니다. 그림과 말의 의미를 알맞게 연결해보세요.

학생답게
'열공' 해야지~

우후훗~ 나도
이제 학생이라고!

어느덧 어엿한
졸업생이 되었네.

1. 입학하면 바로 학생이 되듯 예수님을 믿는 순간 우리는 구원받고 하나님의 자녀를 증명하는 신분증을 받습니다. 그러나 입학이 끝이 아니듯 구원도 끝이 아닙니다. 오히려 새로운 시작입니다. 성경은 이에 대해 무엇이라고 말합니까?(고후 7:1)

고린도후서 7:1 그런즉 사랑하는 자들아 이 약속을 가진 우리는 하나님을 두려워하는 가운데서 거룩함을 온전히 이루어 육과 영의 온갖 더러운 것에서 자신을 깨끗하게 하자.

2. 구원받은 하나님의 자녀가 이르러야 하는 최종 목적지는 어디입니까?(엡 4:13)

에베소서 4:13 우리가 다 하나님의 아들을 믿는 것과 아는 일에 하나가 되어 온전한 사람을 이루어 그리스도의 장성한 분량이 충만한 데까지 이르리니.

3. 그러므로 구원받은 자의 삶의 태도는 어떠해야 합니까?(빌 3:12-14)

빌립보서 3:12-14 [12] 내가 이미 얻었다 함도 아니요 온전히 이루었다 함도 아니라 오직 내가 그리스도 예수께 잡힌바 된 그것을 잡으려고 달려가노라 [13] 형제들아 나는 아직 내가 잡은 줄로 여기지 아니하고 오직 한 일 즉 뒤에 있는 것은 잊어버리고 앞에 있는 것을 잡으려고 [14] 푯대를 향하여 그리스도 예수 안에서 하나님이 위에서 부르신 부름의 상을 위하여 달려가노라.

핵심만 콕콕!

구원은 새로운 삶의 시작입니다. 우리는 죄와 싸우며 구원받은 자답게 살기 위해 힘써야 합니다. 구원받은 사람은 예수 그리스도와 같은 인격에 이르기까지 힘써 달려가는 경주자의 삶을 살아야 합니다.

나눔 평소 구원받은 하나님의 자녀답게 살기 위해 노력하고 있나요? 자신의 노력을 100점 만점에 몇 점으로 평가할 수 있을까요? 그렇게 생각하는 이유는?

실천 하나님의 자녀답게 살기 위해 제일 먼저 실천할 수 있는 일을 한 가지 적어보세요. 한 주 동안 실천한 후 토요일 저녁에 점수를 매겨봅시다.

- 실천할 일 ______________________________

- 평가 점수 ______________________________

구원받은 하나님의 자녀답게 거룩하고 바르게 살아가기 원합니다. 저의 약한 부분을 붙잡아주세요.

session **07** _성경

완전한 하나님의 말씀

모든 성경은 하나님의 감동으로 된 것으로 교훈과 책망과
바르게 함과 의로 교육하기에 유익하니(딤후 3:16)

OPEN MIND 오픈마인드

낯선 편지 한 통을 가운데 놓고 여러 직업을 가진 사람이 모여서 격론을 펼치고 있습니다.

어른들이 이러쿵저렁쿵 자기주장만 하는 사이에 한 아이가 주저하지 않고 봉투를 뜯어 편지를 다 읽고 나서 쓰레기통에 던져버렸습니다.

아이가 편지를 읽고 난 후 쓰레기통에 던진 이유는 무엇일까요?

1. 성경이 어떤 책인지 알 수 있는 가장 좋은 방법은 성경을 읽어보는 것입니다. 성경은 어떤 책입니까?(딤후 3:16-17)

디모데후서 3:16-17 [16] 모든 성경은 하나님의 감동으로 된 것으로 교훈과 책망과 바르게 함과 의로 교육하기에 유익하니 [17] 이는 하나님의 사람으로 온전하게 하며 모든 선한 일을 행할 능력을 갖추게 하려 함이라.

2. 성경이 가장 중요하게 가르치는 것은 무엇입니까?

1) (요 20:31) ______________________________

요한복음 20:31 오직 이것을 기록함은 너희로 예수께서 하나님의 아들 그리스도이심을 믿게 하려 함이요 또 너희로 믿고 그 이름을 힘입어 생명을 얻게 하려 함이니라.

2) (딤후 1:13) ______________________________

디모데후서 1:13 너는 그리스도 예수 안에 있는 믿음과 사랑으로써 내게 들은 바 바른 말을 본받아 지키고.

3. 우리는 성경을 어떻게 읽어야 합니까?(벧후 1:20-21)

베드로후서 1:20-21 [20] 먼저 알 것은 성경의 모든 예언은 사사로이 풀 것이 아니니 [21] 예언은 언제든지 사람의 뜻으로 낸 것이 아니요 오직 성령의 감동하심을 받은 사람들이 하나님께 받아 말한 것임이라.

핵심만 콕콕!

성경은 하나님의 감동으로 쓰이고 오류가 없는 하나님의 말씀입니다. 성경은 우리가 어떻게 하나님을 믿어야 하며, 하나님이 사람에게 요구하시는 본분이 무엇인가를 가장 중요하게 가르칩니다. 성경은 하나님의 말씀이기에 그 뜻을 매우 신중하게 살펴야 하며 반드시 성령 하나님의 도우심을 구하며 읽어야 합니다.

OPEN LIFE 오픈라이프

나눔 하나님의 말씀인 성경을 꾸준히 읽고 있나요? 그렇지 못하다면 그 이유는?

실천 한 주 동안 마태복음 5장을 읽고 가장 기억에 남는 구절을 적어보세요.

하나님의 말씀인 성경을 귀하게 여기고 늘 읽고 묵상하며 하나님의 뜻을 알기에 힘쓰는 자녀가 되게 해주세요.

session **08** _성령

우리 가운데 계시는 하나님

너희가 회개하여 각각 예수 그리스도의 이름으로 세례를 받고
죄 사함을 받으라 그리하면 성령의 선물을 받으리니(행 2:38).

OPEN MIND 오픈마인드

혼자라는 생각이 들어 힘들었던 적이 있었나요?

1. 성령 하나님은 우리 가운데 늘 동행하시는 거룩한 영입니다. 성령 하나님은 언제 우리 가운데 거하게 됩니까?(행 2:38)

사도행전 2:38 베드로가 이르되 너희가 회개하여 각각 예수 그리스도의 이름으로 세례를 받고 죄 사함을 받으라 그리하면 성령의 선물을 받으리니.

2. 성령 하나님은 어떤 일을 하십니까?

1) (롬 8:16) ______________________________

로마서 8:16 성령이 친히 우리의 영과 더불어 우리가 하나님의 자녀인 것을 증언하시나니.

2) (롬 8:26) ______________________________

로마서 8:26 이와 같이 성령도 우리의 연약함을 도우시나니 우리는 마땅히 기도할 바를 알지 못하나 오직 성령이 말할 수 없는 탄식으로 우리를 위하여 친히 간구하시느니라.

3) (고전 12:11) ______________________________

고린도전서 12:11 이 모든 일은 같은 한 성령이 행하사 그의 뜻대로 각 사람에게 나누어 주시는 것이니라.

4) (갈 5:16) ______________________________

갈라디아서 5:16 내가 이르노니 너희는 성령을 따라 행하라 그리하면 육체의 욕심을 이루지 아니하리라.

핵심만 콕콕!

성령 하나님은 구원받은 자 가운데 거하십니다. 성령 하나님은 우리 가운데 거하시며 우리의 구원을 확증하실 뿐 아니라 우리를 돕고 은사를 주며 거룩함으로 인도하십니다.

나눔 성령 하나님의 도움과 인도를 경험해본 적이 있나요?(기도 응답을 받았거나, 생각지 못한 말씀에 위로를 받았거나, 눈물로 회개한 경험 등)

실천 한 주 동안 생활하면서 하나님이 늘 나와 함께하신다는 사실을 잊지 않기 위해 아래 세 가지 사항을 실천해보세요. 그런 다음 삶에 어떤 변화가 생겼는지 적어보세요.

1) 매일 아침 하나님께 기도로 인사드리기
2) 하나님께 가상의 문자메시지(혹은 짧은 편지) 쓰기
3) 음식을 먹을 때, 기쁜 일이 생겼을 때 "하나님, 감사합니다"라고 소리 내어 말하기

• 내 삶에 생긴 변화는? ______________________________

성령 하나님의 동행하심을 기억하고 그 인도하심을 따라 거룩하게 살게 도와주세요.

session **09** _교회

교회는 건물이 아니다

하나님의 교회 곧 그리스도 예수 안에서 거룩하여지고
성도라 부르심을 받은 자들과 또 각처에서 우리의 주 곧 그들과
우리의 주 되신 예수 그리스도의 이름을 부르는 모든 자들에게(고전 1:2).

OPEN MIND 오픈마인드

'교회' 하면 가장 먼저 떠오르는 이미지를 아래 그림에서 골라보고 이유를 말해보세요.

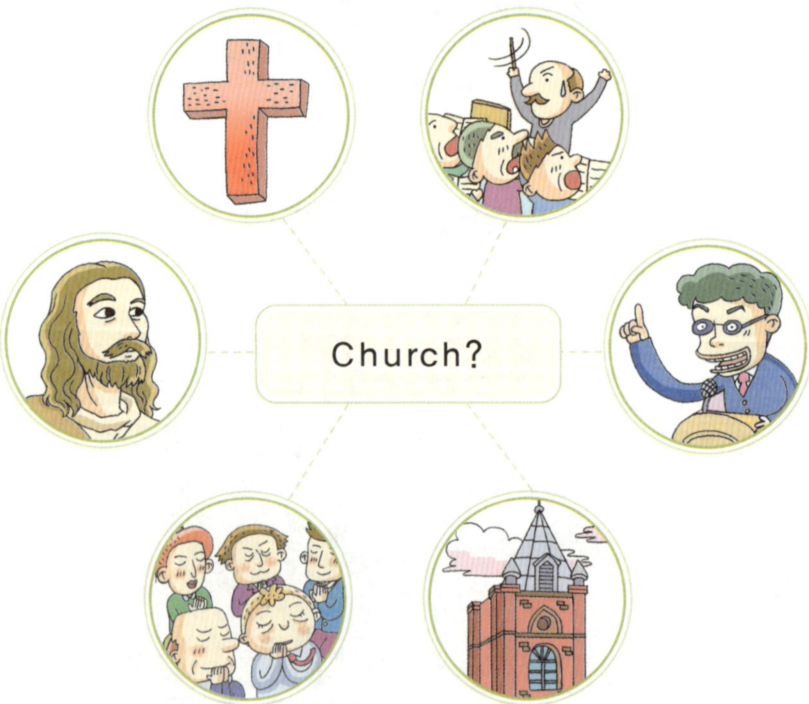

1. 성경은 교회를 가리켜 무엇이라고 말합니까?(고전 1:2)

고린도전서 1:2 고린도에 있는 하나님의 교회 곧 그리스도 예수 안에서 거룩하여지고 성도라 부르심을 받은 자들과 또 각처에서 우리의 주 곧 그들과 우리의 주 되신 예수 그리스도의 이름을 부르는 모든 자들에게.

2. 교회는 누구에 의해 세워졌으며 누가 주인입니까?(엡 1:22, 2:20)

에베소서 1:22 또 만물을 그의 발아래에 복종하게 하시고 그를 만물 위에 교회의 머리로 삼으셨느니라.

에베소서 2:20 너희는 사도들과 선지자들의 터 위에 세우심을 입은 자라 그리스도 예수께서 친히 모퉁잇돌이 되셨느니라.

3. 교회는 다니는 '곳'이 아니라 성도들의 모임을 가리킵니다. 그러므로 교회로 모인 성도들은 무엇에 힘써야 합니까?(엡 2:21-22)

에베소서 2:21-22 21 그의 안에서 건물마다 서로 연결하여 주 안에서 성전이 되어 가고 22 너희도 성령 안에서 하나님이 거하실 처소가 되기 위하여 그리스도 예수 안에서 함께 지어져 가느니라.

핵심만 콕콕!

교회는 예수 그리스도를 주님으로 믿는 성도와 그 모임이며, 교회의 주인은 예수 그리스도입니다. 교회는 말씀에 따라 거룩해지며 하나 되는 공동체입니다.

OPEN LIFE 오픈라이프

나눔 자신을 교회 공동체의 일원이라고 분명하게 생각하나요? 그렇다면 혹은 그렇지 않다면 그 이유는?

실천 교회는 머리 되신 그리스도 안에서 하나 된 공동체입니다. 지금 함께 성경공부하고 있는 친구 중에 가장 서먹하다고 생각되는 친구 두 명의 이름을 적고 연락처를 받으세요. 그 친구와 주중에 한 번은 반드시 연락할 것을 서약하고 실천해보세요.

1) 이름 ____________________ 연락처 ____________________

2) 이름 ____________________ 연락처 ____________________

주중에 반드시 연락할 것을 서약합니다.

서약자 ____________________(서명)

교회의 주인인 예수님 안에서 제가 먼저 거룩한 성도가 되기 위해 힘쓰고, 우리반이 하나 됨에 힘쓰는 아름다운 공동체가 되게 도와주세요.

session **10**_죽음

죽음 이후에 벌어지는 일들

무덤 속에 있는 자가 다 그의 음성을 들을 때가 오나니 선한 일을 행한 자는 생명의 부활로, 악한 일을 행한 자는 심판의 부활로 나오리라(요 5:28-29).

OPEN MIND 오픈마인드

아래 그림들을 보면서 어떤 느낌이 드는지 말해보세요.

1. 죽음은 인간이라면 누구도 피해갈 수 없는 과정입니다. 성경은 죽음 이후에 무엇이 있다고 말합니까?(히 9:27)

히브리서 9:27 한번 죽는 것은 사람에게 정해진 것이요 그 후에는 심판이 있으리니.

2. 그리스도인들은 죽은 후에 그 영혼이 어디로 갑니까?(눅 23:43)

누가복음 23:43 예수께서 이르시되 내가 진실로 네게 이르노니 오늘 네가 나와 함께 낙원에 있으리라 하시니라.

3. 때가 되면 우리의 영혼과 육체가 다시 만나 어떻게 됩니까?(요 5:28-29)

요한복음 5:28-29 [28] 이를 놀랍게 여기지 말라 무덤 속에 있는 자가 다 그의 음성을 들을 때가
오나니 [29] 선한 일을 행한 자는 생명의 부활로, 악한 일을 행한 자는 심판의 부활로 나오리라.

4. 죄 사함을 얻은 성도들은 어떤 모습으로 부활합니까?(고후 3:18)

고린도후서 3:18 우리가 다 수건을 벗은 얼굴로 거울을 보는 것 같이 주의 영광을 보매 그와 같은 형상으로 변화하여 영광에서 영광에 이르니 곧 주의 영으로 말미암음이니라.

핵심만 콕콕!

사람은 누구나 죽은 후 각기 죄대로 심판을 받지만, 예수 그리스도를 통해 죄 사함을 얻은 그리스도인들의 영혼은 낙원(천국)으로 들어갑니다. 그리고 때가 되면 무덤에서 자던 우리의 육체와 낙원의 영혼이 만나 그리스도와 같은 영광스러운 모습으로 부활합니다.

OPEN LIFE 오픈라이프

나눔 죽음 이후에 대해 생각해본 적이 있나요? 언제, 구체적으로 어떤 생각을 했나요? 오늘 말씀을 통해 바뀐 생각이 있다면 과거의 생각과 비교해서 얘기해보세요.

실천 이 세상에서 살아갈 날이 1년밖에 남지 않았다면 가장 먼저 하고 싶은 일은 무엇인가요? 그 일을 구체적으로 실천할 수 있는 방법을 생각해보세요.

- 하고 싶은 일 ______________________________

- 실천 방법 ______________________________

그리스도를 통한 죄 사함과 부활을 믿고 죽음에 대한 두려움 대신 영원한 생명에 대한 기쁨과 감사를 누리며 살도록 도와주세요.

session **11** _재림과 심판

이 세상 마지막에 일어날 일

갈릴리 사람들아 어찌하여 서서 하늘을 쳐다보느냐 너희 가운데서
하늘로 올려지신 이 예수는 하늘로 가심을 본 그대로 오시리라(행 1:11).

OPEN MIND 오픈마인드

"미리 준비했더라면 좋았을 텐데…"라는 말이 가장 어울리는 장면을 고르고 그 이유를 말해보세요.

1. 세상 모든 것에는 시작과 끝이 있습니다. 성경은 이 세상도 끝날 때가 온다고 말합니다. 이 세상의 마지막 때가 되면 어떤 일이 일어납니까?(행 1:11, 요 12:48)

사도행전 1:11 이르되 갈릴리 사람들아 어찌하여 서서 하늘을 쳐다보느냐 너희 가운데서 하늘로 올려지신 이 예수는 하늘로 가심을 본 그대로 오시리라 하였느니라.

요한복음 12:48 나를 저버리고 내 말을 받지 아니하는 자를 심판할 이가 있으니 곧 내가 한 그 말이 마지막 날에 그를 심판하리라.

2. 마지막 때에 부활한 그리스도인들은 완전한 육체와 영혼을 가지고 어디서 살아가게 됩니까?(사 65:17)

이사야서 65:17 보라 내가 새 하늘과 새 땅을 창조하나니 이전 것은 기억되거나 마음에 생각나지 아니할 것이라.

3. 그 마지막 때가 언제인지 알 수 있습니까?(마 24:36)

마태복음 24:36 그러나 그날과 그때는 아무도 모르나니 하늘의 천사들도, 아들도 모르고 오직 아버지만 아시느니라.

4. 그날을 기다리는 우리의 자세는 어떠해야 합니까?(마 24:42, 벧전 4:7, 계 22:20)

마태복음 24:42 그러므로 깨어 있으라 어느 날에 너희 주가 임할는지 너희가 알지 못함이니라.

베드로전서 4:7 만물의 마지막이 가까이 왔으니 그러므로 너희는 정신을 차리고 근신하여 기도하라.

요한계시록 22:20 이것들을 증언하신 이가 이르시되 내가 진실로 속히 오리라 하시거늘 아멘 주 예수여 오시옵소서.

핵심만 콕콕!

세상 끝날에는 예수님이 다시 와서 마지막 심판을 하십니다. 죄인은 심판을 받지만 예수 그리스도를 통해 죄 사함 받은 의인은 하나님이 새로 창조하시는 새 하늘과 새 땅에서 영광스러운 모습으로 영원히 살게 됩니다. 우리는 그날과 그때를 알 수 없기에 늘 마지막을 준비하는 자세로 매일 최선을 다해 살아야 합니다. 가장 영광스러운 자리에 서게 될 그날을 우리는 기쁜 마음으로 기다릴 수 있습니다.

OPEN LIFE 오픈라이프

나눔 지구의 종말을 다룬 영화를 본 적이 있나요? 혹시 본 적이 있다면 영화를 보며 어떤 생각을 했나요? 지금 종말을 배우고 나서 달라진 생각이 있다면?

실천 종말을 준비하는 우리의 자세는 그리스도인으로서 하루하루 최선을 다하는 모습일 것입니다. 일주일 동안 매일 실천할 수 있는 간단한 일을 생각해보고 행동에 옮겨보세요.

- 실천할 수 있는 일 ______________________________

예) 밥 먹을 때 어머니에게 감사하다고 말씀드리기, 아버지의 구두 닦아드리기, 부모님 안아드리기, 집안 청소하기, 전도하고 싶은 친구에게 문자 보내기, 예습 복습 철저히 하기 등.

다시 오겠다고 약속하신 예수님의 말씀을 온전히 믿고, 주님의 오심을 예비하는 마음으로 하루하루 최선을 다하는 하나님의 자녀가 되기 원합니다.

session **12**_하나님나라

발길 닿는 곳마다 하나님나라

하나님의 나라는 볼 수 있게 임하는 것이 아니요 또 여기 있다
저기 있다고도 못하리니 하나님의 나라는 너희 안에 있느니라(눅 17:20-21).

OPEN MIND 오픈마인드

다음은 사과나무의 성장을 보여주고 있습니다. 어린 사과나무는 몇 년 후 크고 풍성한 열매를 맺는 사과나무로 자랄 것입니다. 어린 사과나무는 아직 그 사실을 모릅니다. 어린 사과나무에게 응원의 메시지를 보내주세요.

〈응원의 메시지〉

1. 하나님나라는 이미 이 땅에 임했습니다. 다만 아직 완성되지는 않았습니다. 하나님나라는 어디에 있습니까?(눅 17:20-21)

누가복음 17:20-21 [20] 바리새인들이 하나님의 나라가 어느 때에 임하나이까 묻거늘 예수께서 대답하여 이르시되 하나님의 나라는 볼 수 있게 임하는 것이 아니요 [21] 또 여기 있다 저기 있다고도 못하리니 하나님의 나라는 너희 안에 있느니라.

2. 우리가 죽은 뒤에 가는 천국(낙원)이나 종말에 임하는 새 하늘과 새 땅만 하나님나라가 아닌 이유는 무엇입니까?(시 103:19)

시편 103:19 여호와께서 그의 보좌를 하늘에 세우시고 그의 왕권으로 만유를 다스리시도다.

3. 하나님나라는 하나님의 백성들이 하나님의 다스림을 인정하는 곳에서 이뤄집니다. 이 나라는 어떻게 되어가고 있습니까?(눅 13:18-19)

누가복음 13:18–19 18 그러므로 예수께서 이르시되 하나님의 나라가 무엇과 같을까 내가 무엇으로 비교할까 19 마치 사람이 자기 채소밭에 갖다 심은 겨자씨 한 알 같으니 자라 나무가 되어 공중의 새들이 그 가지에 깃들였느니라.

4. 하나님나라는 어떻게 자라갑니까?(눅 16:16)

누가복음 16:16 율법과 선지자는 요한의 때까지요 그 후부터는 하나님나라의 복음이 전파되어 사람마다 그리로 침입하느니라.

핵심만 콕콕!

하나님나라는 예수님과 함께 이미 우리 가운데 임했습니다. 하나님나라는 하나님이 통치하시는 백성이 살아가는 모든 곳입니다. 하나님나라는 이미 임했지만 아직 완성되지는 않았습니다. 우리는 하나님나라의 확장을 위해 복음을 증거하며 복음에 합당한 삶을 살아야 합니다.

OPEN LIFE 오픈라이프

나눔 하나님나라가 이미 이 땅 가운데 임했다는 것과 내가 그 나라의 백성이라는 사실을 알고 난 뒤의 느낌을 솔직하게 나눠보세요.

실천 하나님나라의 백성들은 하나님이 맡기신 일을 성실하게 감당합니다. 또한 더 많은 사람들이 하나님나라의 백성으로 살아가도록 전도합니다. 이 두 가지 일을 실천하기 위한 구체적인 방법들을 각각 한 가지씩 적어보고 한 주 동안 실천해보세요.

- 사명 감당 ______________________________

- 전도 ______________________________

이미 이 세상에 임한 하나님나라가 더 넓어질 수 있도록 바른 믿음을 가지고 성실하게 살아가는 하나님나라의 백성이 되기 원합니다.

다.세.연 www.daseyeon.org

다음세대를 섬기는 사람들의 연대(이하 다.세.연)는 다음세대가 하나님께서 주신 은사와 재능을 가지고 하나님의 부르심에 응답하며 행복한 삶을 살 수 있도록 섬기는 사람들의 연대 기구다.
2005년 결성된 이후로 서울 강남 지역의 중고등학교 캠퍼스 사역에 집중해 오던 다.세.연.은 하나님의 섬세한 계획 가운데 김용재 목사(前 NECTAR 대표 간사, 前 소망교회 청소년 팀장), 김정윤 목사(사랑의교회 청소년부서 디렉터), 김종설 목사(영동교회 청소년 팀장), 이재욱 목사를 비롯한 여러 청소년 사역 현장 전문가들이 한 뜻을 모으게 되면서 사역의 방향을 새롭게 전환하고 제2의 창립을 시도하게 되었다.
이제 다.세.연.은 특정지역과 대상에 국한되어 있는 사역의 한계를 넘어 전국 각지의 청소년 사역자, 교회 그리고 사역 단체들과 힘을 합하여 상대적으로 소외된 지역의 청소년 사역이 건강하게 이루어질 수 있도록 섬기고자 작은 발걸음을 내딛고 있다.

■ 주집필

이재욱 목사

청소년 사역자로서 쌓아온 십수 년 간의 현장 경험과 사역단체와 기관을 넘나드는 다양한 경력은 그의 저서와 강연이 많은 현장 사역자들의 공감을 얻는 이유다. 주님의교회 교육목사, 서대문교회 교육총괄목사를 거쳐 청소년 전문사역단체인 브리지임팩트사역원(BIM)의 창립 멤버로 BIM 캠프와 탱크청소년사역자학교, 전국청소년사역자 워크숍 등을 기획하고 진행했으며, BIM의 협력사역자이자 예장합동 총회교육개발원 집필위원으로 다수의 교육 자료 및 공과 집필에 참여했다. 현재 서울 대방중앙교회 담임목사로 섬기며 말씀에 철저히 헌신하는 공동체, 다음세대에 깊은 관심을 가진 공동체를 꿈꾸고 있다. 유스코스타(Youth KOSTA) 강사이며 저서로 「중고등부, 2년 안에 성장할 수 있다」, 「교사를 다시 일으켜 세우는 5가지 힘」(이하 좋은씨앗)이 있다. cteen@hanmail.net

■ 객원 집필

문근식 목사

총신대학교 신학과(B.A), 총신대학교 신학대학원(M.div.)을 졸업했고 국내와 호주를 넘나들며 15년 가까이 청소년들을 지도해왔다. 브리지임팩트사역원(BIM) 교재개발팀장으로, 예장합동 청소년 계절공과 집필위원으로도 활동했다. 현재 성서교회 청소년부 담당목사로 다음세대를 향한 사역에 매진하고 있다.

김용철 목사

장로회신학대학교 신학대학원(M.div.)과 연세대학교 교육대학원(M.A.)을 졸업했다. 주님의교회와 꿈꾸는교회를 거쳐 현재 신당중앙교회 중고등교육팀을 이끌며 사역하고 있다.